Hice este
libro para:

_____

Con amor,

Alona

Mi bacinica y yo

para ella

Mi bacinica

para ella

FIREFLY BOOKS

y yo

Escrito e ilustrado por Alona Frankel

A FIREFLY BOOK

Published by Firefly Books Ltd. 2014
Text and illustrations copyright © 2014 Alona Frankel

All rights reserved. No part of this publication may be reproduced,
stored in a retrieval system, or transmitted in any form or by any
means, electronic, mechanical, photocopying, recording or
otherwise, without the prior written permission of the Publisher.

First printing

Publisher Cataloging-in-Publication Data (U.S.)
A CIP record for this title is available from the Library of Congress

Library and Archives Canada Cataloguing in Publication
A CIP record for this title is available from Library and Archives Canada

Published in the United States by
Firefly Books (U.S.) Inc.
P.O. Box 1338, Ellicott Station
Buffalo, New York 14205

Published in Canada by
Firefly Books Ltd.
50 Staples Avenue, Unit 1
Richmond Hill, Ontario L4B 0A7

Printed in China

"Once Upon a Potty," "Joshua" and "Prudence"
are registered trademarks of Alona Frankel • www.alonafrankel.com

All "Once Upon a Potty" properties are administered exclusively by
Child Matters Corporation • www.infochild.com

A mis hijos, Ari y Michael

Lema:

Panta Rei
(Todo fluye)

Heráclito

Estimados padres:

Este libro fue planeado como complemento para la flamante bacinica de una niña. La primera edición (una sola copia escrita a mano) fue probada con buen resultado en casa antes de ser ofrecida a la humanidad en general.

Los asuntos aquí tratados son los llamados pipí y caca por los padres, orina y deposiciones por los médicos y de diversas otras formas más populares, en amplio uso.

No importa cómo los llamemos, el caso es que han sido por mucho tiempo un tema tabú en la conversación, incluso entre padres e hijos. Esta actitud está desapareciendo para la felicidad de los padres, hijos y psicólogos infantiles. Hoy en día se piensa que una actitud franca y abierta hacia las funciones corporales es la correcta.

Aprender a usar una bacinica es a veces un proceso lento que pone a prueba la paciencia tanto de los padres como de la niña.

Cuando finalmente se logra el éxito, el cual debe llegar sin prisa ni presiones excesivas, respetando el ritmo normal, aumenta el orgullo y la confianza de la niña. Ha tomado otro paso en el camino de conocerse y controlarse a sí misma.

Se sentó en la bacinica siendo una bebita y se levantó sintiéndose tan grande como si tuviera tres metros de altura ...

Quizás sea un pequeño paso para el género humano, pero evidentemente es un gran paso en la vida de su niña.

Les deseo que esto sea con felicidad y amor.

Alona

¡Hola! Soy la mamá de Juanita.
Me gustaría contarte la historia
de Juanita y su nueva bacinica.

Esta es Juanita.
Juanita es una niña pequeña.

Al igual que tú, Juanita tiene un cuerpo y su cuerpo tiene muchas partes agradables y útiles.

Una cabeza para pensar

Ojos para ver

Oídos para escuchar

Una boca
para comer y hablar

Manos para jugar

Un pipí para
hacer pipí

Piernas para
caminar y correr

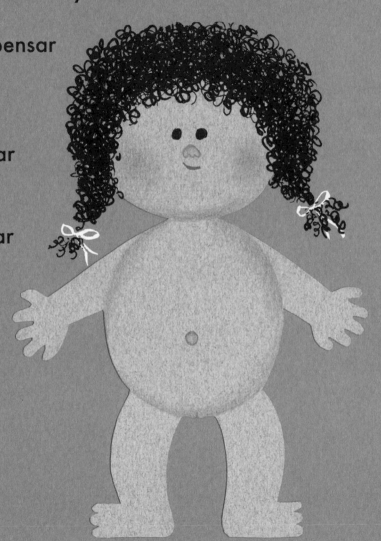

Un trasero para sentarse
y en él un pequeño hoyito
para hacer caca.

Desde que Juanita nació, ha estado haciendo
pipí y caca en sus pañales, y yo, su mamá,
he tenido que cambiarla. Ella lo hacía
cuando tenía dos días de edad.

Ella lo hacía cuando tenía dos meses de edad.

Y aquí tú la ves haciéndolo
todavía, y yo, su mamá,
cambiándola.

Un pañal limpio.

Un pañal
con caca y pipí.

Un pañal
con caca y pipí.

Un pañal
limpio.

Hasta que un día, la abuelita de Juanita
le trajo un gran regalo.

Juanita abrió la caja, y encontró
adentro algo muy extraño ...

¿Era un gorro?
No, no era un gorro.

¿Era un tazón para
la leche del gato?
No, no era un tazón
para la leche del gato.

¿Era un florero?
No, no era un florero.

¿Era una pila para que los pajaritos se bañen?
No, no era una pila para el baño de los pajaritos.

Era una bacinica para sentarse y hacer
pipí y caca en ella, en vez del pañal.
¡Qué maravilloso!
Juanita estaba muy contenta.

Entonces fue y se sentó en su nueva bacinica.
Se sentó, se sentó, se sentó y se sentó,
y nada salió ... ni pipí, ni caca.

Después hizo pipí y caca pero, no EXACTAMENTE en la bacinica.

Después, Juanita siguió haciendo pipí y caca
en el pañal y yo, la mamá de Juanita,
seguí cambiándola.

Hasta que un día ... cuando Juanita tuvo la seguridad de que el pipí y la caca estaban listos para salir, corrió a la bacinica y se sentó en ella.

Se sentó y se sentó y se sentó y
se sentó y se sentó y se sentó y
se sentó y se sentó y se sentó y
se sentó y se sentó y se sentó y
se sentó y se sentó y se sentó y
se sentó y se sentó y se sentó y
se sentó y se sentó y se sentó y
se sentó y se sentó y se sentó y
se sentó y se sentó y se sentó y
se sentó y se sentó y se sentó y
se sentó y se sentó y se sentó y
se sentó y se sentó y se sentó y
se sentó y se sentó y se sentó y
se sentó y se sentó y se sentó y
se sentó y se sentó y se sentó y
se sentó y se sentó y se sentó y
se sentó y se sentó y se sentó y
se sentó y se sentó y se sentó y
se sentó y se sentó y se sentó y
se sentó y se sentó y se sentó ...

Y cuando se levantó y miró,
vio dentro de su bacinica todo
el pipí y la caca. ¡JUSTO DENTRO!

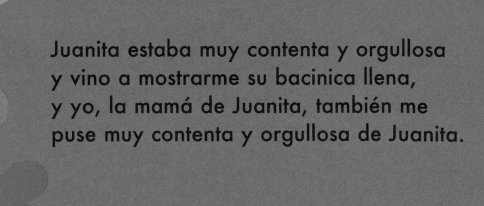

Juanita estaba muy contenta y orgullosa
y vino a mostrarme su bacinica llena,
y yo, la mamá de Juanita, también me
puse muy contenta y orgullosa de Juanita.

Y entonces las dos juntas,
yo, la mamá de Juanita, y Juanita,
llevamos la bacinica al cuarto de baño,
y la vaciamos en el excusado.

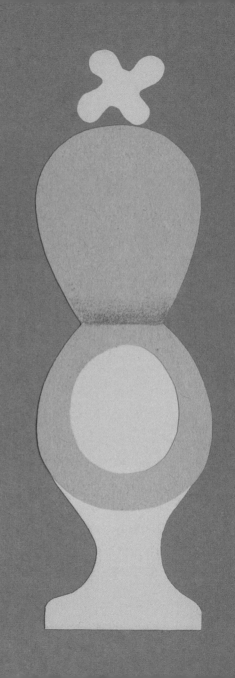

—Adiós pipí.
Adiós caca
—dijo Juanita.

Y desde entonces,
a Juanita le gusta cada
vez más su bacinica,
y la usa constantemente.

Alona Frankel
es autora e ilustradora
de más de 30 títulos para
niños, incluyendo el muy
conocido *MI BACINICA Y YO.*
Ha recibido numerosos premios
por sus libros y sus obras de arte,
las cuales se han expuesto alrededor
del mundo. La Señora Frankel vive
en Tel Aviv, Israel.

Conozca más acerca de
Alona en Internet en
www.alonafrankel.com